MANUAL DE DETETIVE PARA CRIANÇAS SUPERESPERTAS

Ciranda Cultural

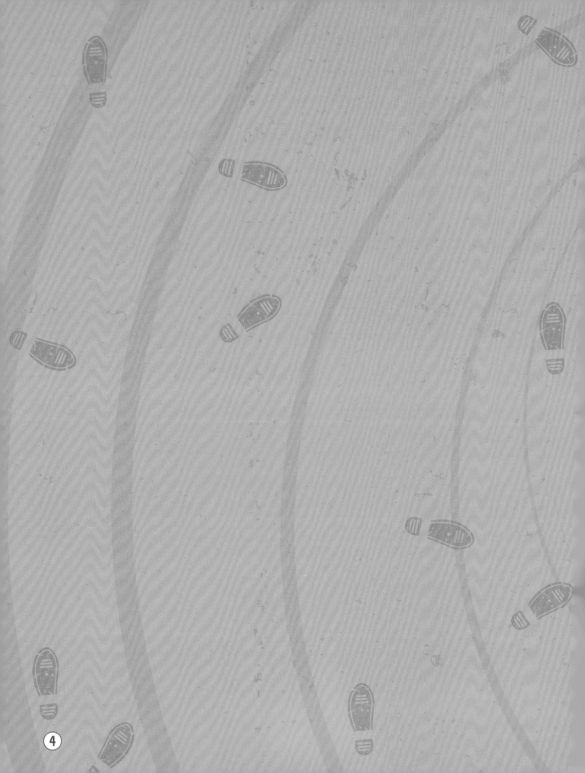

ESTE MANUAL
PERTENCE A:

NOME: ....

APELIDO: ....

E-MAIL: ....
....

O DETETIVE

O DETETIVE É UM PROFISSIONAL CORAJOSO QUE RESOLVE CASOS E...

... coleta e analisa informações, **evidências** e pistas,

procura pessoas **desaparecidas**,

investiga crimes,

busca por objetos perdidos ou roubados,

observa as pessoas discretamente,

realiza **pesquisas** e **interrogatórios**.

VOCÊ SABE COMO SE TORNAR UM GRANDE DETETIVE?

1. Quando você vai ao supermercado com sua família...
- **A)** Verifica a lista de compras o tempo todo.
- **B)** Você se lembra de tudo. Não precisa de lista!

2. Seu melhor amigo está se sentindo um pouco triste. O que você faz?
- **A)** Nada. Tenho certeza de que ele se sentirá melhor em breve.
- **B)** Eu faço algumas perguntas para entender o que há de errado.

3. Você pratica esportes?
- **A)** Prefiro relaxar no sofá.
- **B)** Sim, pois gosto de me manter saudável.

4. Você gosta de ler?
- **A)** Não gosto muito de ler.
- **B)** Sim, eu adoro.

5. De que tipo de filme você gosta?
- **A)** Comédia ou animação.
- **B)** Suspense ou terror.

MAIORIA DE RESPOSTAS "A":

você está no caminho para se tornar um detetive fantástico, mas **poderia se esforçar mais**. Melhore suas habilidades de observação, examinando de perto as pessoas ao seu redor, lendo livros de mistério e praticando esportes!

MAIORIA DE RESPOSTAS "B":

você certamente se tornará um dos maiores detetives do mundo! **Você é esforçado, inteligente e observador**. Continue treinando suas habilidades investigativas e você será imbatível!

DETETIVES FAMOSOS

SHERLOCK HOLMES: criado pelo escritor **Arthur Conan Doyle**, é um dos detetives mais populares do mundo. Ele é conhecido por seu método científico (conjunto de etapas que criam hipóteses para solucionar um problema), por sua personalidade peculiar e por suas intuições brilhantes. Holmes geralmente está com seu fiel amigo **John Watson**, um médico e narrador das aventuras que os dois vivem juntos.

O detetive apareceu pela primeira vez no romance **UM ESTUDO EM VERMELHO**, publicado em 1887. **O CÃO DOS BASKERVILLE** e **A FAIXA MALHADA** são duas de suas histórias mais cativantes.

CURIOSIDADE: ao contrário do que se acredita, nos romances e contos, Holmes nunca disse a famosa frase: **ELEMENTAR, MEU CARO WATSON!**

HERCULE POIROT: criado pela genial escritora **Agatha Christie**, Poirot é um detetive belga incrivelmente detalhista, que tem um bigode muito engraçado! Para poder investigar, ele faz diversas perguntas e observa a reação das pessoas. Assim, ao juntar suas **"pequenas células cinzentas",** pode capturar o culpado.

CURIOSIDADE: apesar de ser um detetive corajoso, Poirot sofre com **enjoos quando viaja de navio**!

MISS MARPLE: personagem de contos e romances de **Agatha Christie**, essa senhora idosa passa a maior parte do tempo na pequena vila onde mora. Ela se descreve como uma **"observadora da natureza humana"** e adora fazer fofocas. É graças a isso que ela consegue resolver casos complicados!

CURIOSIDADE: para dar vida a Miss Marple, Agatha Christie se inspirou em sua **AVÓ** e nas amigas dela.

ENCONTRE AS DIFERENÇAS

Há 10 diferenças entre as duas imagens. Observe com atenção para encontrar todas elas!

Resposta na página 75.

CRIE SEU PRÓPRIO CRACHÁ

Você não pode investigar sem um CRACHÁ adequado!

Duplique o CRACHÁ em papel-cartão e preencha com suas informações!

ESPAÇO PARA DESENHAR O LOGOTIPO DA SUA AGÊNCIA DE INVESTIGAÇÃO

ESPAÇO PARA COLAR SUA FOTO

NOME:

APELIDO:

CODINOME:

AGÊNCIA DE INVESTIGAÇÃO:

COMO COLETAR IMPRESSÕES DIGITAIS?

As **IMPRESSÕES DIGITAIS** são marcas deixadas pelas pontas dos dedos em superfícies. Elas permitem **IDENTIFICAR** pessoas, então saber como coletá-las é fundamental. Vamos lá?

DO QUE VOCÊ PRECISA?

- Pó de grafite
- Fita adesiva transparente (ou papel adesivo)
- Cartolina branca

PÓ DE GRAFITE
FITA ADESIVA TRANSPARENTE
CARTOLINA

INSTRUÇÕES:

1

Espalhe uma camada fina de pó de **GRAFITE** sobre o objeto ou superfície que você deseja investigar. Lembre-se de que deve haver **IMPRESSÕES DIGITAIS** nele!

Quando as impressões digitais estiverem **VISÍVEIS**, afaste-se do objeto ou superfície e sopre suavemente para remover o **EXCESSO** de pó.

Cole um pedaço de fita adesiva transparente **SOBRE** a impressão digital. Certifique-se de **COBRIR** toda a impressão digital.

Por fim, cole o pedaço de fita adesiva transparente na **CARTOLINA BRANCA**. Você coletou uma impressão digital com sucesso, assim como fazem os verdadeiros detetives!

REGISTRE UMA IMPRESSÃO DIGITAL

Despeje um pouco de tinta em um recipiente, molhe seu polegar na tinta e deixe sua **IMPRESSÃO DIGITAL** aqui.

RETRATO FALADO

Um retrato falado inclui todas as características físicas de uma pessoa. Permite reconstruir o rosto de um suspeito e ajuda a resolver casos.

O **RETRATO FALADO** era, originalmente, desenhado à mão, mas agora existem computadores que fazem isso. No entanto, não é tão simples. Existem muitos, muitos tipos de…

NARIZES
Compridos, curtos, romanos, retos, curvos, empinados, achatados, arredondados, largos, estreitos, etc.

OLHOS
Amendoados, afastados, próximos, para baixo, para cima, grandes, pequenos, salientes, fundos, redondos… e de cores variadas!

LÁBIOS
Grossos, finos, grandes, pequenos, curvados para baixo, um lábio maior ou menor que o outro, etc.

ORELHAS
Pequenas, grandes, mais aparentes, redondas, estreitas, pontiagudas, etc.

CABELO
Longo, curto, cacheado, ondulado, liso, com franja, preso para trás, espetado ou simplesmente... careca. Sem mencionar todas as cores de cabelo que existem no mundo!

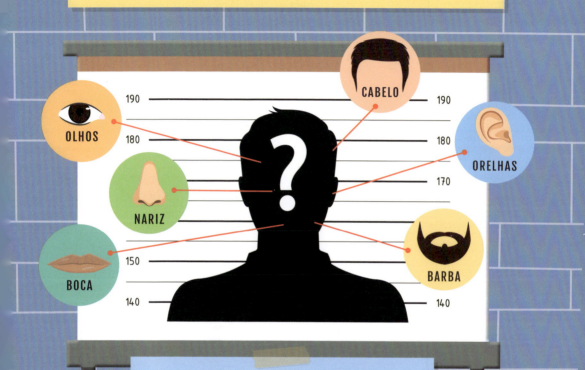

E depois há todas as características distintivas de uma pessoa: tatuagens, piercings, bigodes, barbas, marcas de nascença, cicatrizes, sardas, brincos, rugas... e a lista continua!

FAÇA UM KIT DE RETRATOS FALADOS

Teste suas habilidades como "construtor de identidades" com este jogo divertido para brincar com seus amigos!

1 Peça aos seus amigos para imprimir quatro rostos de pessoas (cada rosto deve ser impresso duas vezes), sem que você os veja.

2 Seus amigos vão cortar as imagens em 4 tiras horizontais: uma para o cabelo, uma para a testa e os olhos, uma para o nariz e a boca, e a última para o pescoço e parte das roupas.

3 Seus amigos vão misturar todas as tiras. Então, você já pode olhar para elas.

4 Peça aos seus amigos para escolherem um rosto (sem mostrar para você!) e descreverem o cabelo, o formato do nariz, boca, etc.

5 Escolha as tiras que você acha que se encaixam melhor na descrição.

E faça seu RETRATO FALADO!

6 PERGUNTE AOS SEUS AMIGOS SE VOCÊ ACERTOU!

QUE TAL ALGUMAS CHARADAS?

1 - O LOBO, A CABRA E O REPOLHO

Um **BARQUEIRO** precisa transportar um lobo, uma cabra e um repolho em um pequeno barco de uma margem do rio para a outra. No entanto, ele só pode transportar uma coisa de cada vez. Se ele levar o **REPOLHO** primeiro, o **LOBO** comerá a **CABRA**. Se ele levar o **LOBO** primeiro, a **CABRA** comerá o **REPOLHO**.

O QUE O BARQUEIRO DEVE FAZER?

SOLUÇÃO: o barqueiro leva a cabra primeiro e deixa o lobo e o repolho sozinhos. Em seguida, ele leva o repolho, mas precisa retornar imediatamente com a cabra para o lado onde está o lobo. O barqueiro deixa a cabra lá e leva o lobo para a segunda margem, onde está o repolho. Depois, ele volta para buscar a cabra e a leva em segurança para a segunda margem.

2. O ESPIÃO

Um espião tem uma missão: entrar em um **CLUBE SECRETO**. Ele precisa de uma senha. Mas existe um problema: ela muda o tempo todo! Então, o espião se esconde para escutar a senha. Um homem bate à porta do clube e uma voz lá de dentro diz: "Oito". O homem responde: "Quatro". A porta se abre. Pouco depois, uma mulher chega. Ela bate à porta e uma voz diz: "Catorze". Ela responde: "Sete". E entra. Agora o espião pensa que sabe o código secreto. Ele bate à porta, a voz diz: "Dez". Ele responde: "Cinco". Infelizmente, ele é deixado do lado de fora.

QUAL ERA A RESPOSTA CORRETA?

SOLUÇÃO: a senha secreta era três. O espião deveria ter dito quantas letras havia no número (quatro letras para o número oito, sete letras para o número catorze, três letras para o número dez e assim por diante).

3 — UM ENIGMA DOS IRMÃOS GRIMM

Três mulheres foram transformadas em **FLORES** por meio de mágica, mas uma delas podia dormir em casa, pois durante a noite ficava em sua forma humana. Uma vez, já quase amanhecendo, antes de voltar ao campo junto das outras duas **FLORES**, a mulher disse ao marido:
– Venha me colher esta manhã e eu ficarei livre.
O marido assim fez, e eles ficaram juntos para sempre. Se todas as flores eram **IDÊNTICAS**, sem nenhuma diferença...

... COMO O MARIDO A RECONHECEU?

SOLUÇÃO: a mulher tinha dormido em casa, não no campo, então ela não estava coberta de orvalho como as outras duas flores. O homem a reconheceu imediatamente porque ela era a única flor seca no campo!

CÓDIGOS SECRETOS

Você pode usar esses códigos para esconder o verdadeiro significado das mensagens.

ESTÁ TUDO AO CONTRÁRIO
Você só precisa escrever sua mensagem ao contrário.
Por exemplo: "Encontro no cinema" se torna "amenic on ortnocne".

SUPERSECRETO

A CIFRA DO ZIGUE-ZAGUE
Essa maneira de escrever uma mensagem secreta é muito eficaz.

Você deve colocar as letras diagonalmente, em linhas alternadas.

N O T O O I E A
E C N R N C N M

A mensagem "Encontro no cinema" será escrita assim:
NOTOOIEA - ECNRNCNM

Você também pode colocar as letras em três linhas em vez de duas.

E　　N　　N　　　N
N O T O O I E A
　C　　R　　C　　M

A mensagem será escrita assim: **ENNN - NOTOOIEA - CRCM**

23

UM ESCRITÓRIO PARA UM GRANDE DETETIVE

Você não sabe onde colocar seus equipamentos de detetive? Escolha um canto do seu quarto, organize todos os seus itens lá e siga estas dicas.

Adquira um **armário de arquivo**: você precisará dele para armazenar os documentos relacionados às investigações.

Pendure um grande **quadro de avisos** na parede e use alfinetes para fixar os mapas de locais suspeitos, listas de pistas, identificações e fotos.

Dica para um superdetetive: pendure algo acima da porta que faça barulho quando ela for aberta. Assim, nada nem ninguém poderá pegá-lo de surpresa!

Você também pode usar os **alfinetes** para pendurar pequenos sacos plásticos selados. Você pode colocar todos os seus equipamentos de detetive dentro deles: lupa, caderno de anotações, caneta, lanterna, luvas, etc.

ESCONDERIJOS SECRETOS

Pistas, documentos e evidências coletadas por um detetive são extremamente importantes e não podem simplesmente ser deixados por aí. Então, onde você pode escondê-los?

Debaixo do **ASSENTO DE UMA CADEIRA,** fixado com bastante fita adesiva.

Dentro de um antigo **BICHINHO DE PELÚCIA** que você não brinca mais. Tenha cuidado: você precisará costurá-lo perfeitamente. Caso contrário alguém poderá notar!

Na sola dos seus **SAPATOS.** Ninguém terá coragem de se aproximar!

Debaixo da **GAVETA** da sua cômoda.

Entre as páginas de um **LIVRO** antigo que ninguém nunca lê.

NÃO ESCONDA NADA dentro das fronhas, debaixo do colchão ou dentro de meias limpas enroladas. Esses esconderijos são conhecidos por todos!

ALGUÉM PARECE TER ENTRADO NO MEU QUARTO...

Siga estas dicas e você saberá imediatamente se alguém invadiu sua privacidade.

Coloque alguns fios de cabelo entre as páginas do seu **MANUAL** ou agenda. Se alguém os abrir sem sua permissão, os fios de cabelo terão desaparecido.

Se você tiver um **TAPETE** no seu quarto, tente dobrar um canto para trás antes de sair. Se alguém entrar no seu quarto, eles pensarão que o dobraram por engano e o arrumarão.

26

Espalhe uma camada fina de **FARINHA** no chão, bem em frente a sua porta. Quem entrar deixará pegadas!

Quando sair e fechar a **PORTA**, coloque metade de um fósforo ou um pedaço pequeno de papel na dobradiça da porta. Se alguém abrir, o fósforo ou o pedaço de papel cairá.

Pegue uma **CAIXA DE SAPATOS** (não muito grande) e quatro **ROLOS DE PAPEL HIGIÊNICO**. Desenhe um símbolo diferente (deve ser pequeno e peculiar) em cada rolo. Coloque os rolos na caixa de sapatos em uma ordem escolhida por você, depois coloque a caixa dentro do quarto, em frente à porta, antes de sair. Se alguém entrar, os rolos vão cair. O intruso os colocará de volta, mas certamente não na mesma ordem que você deixou!

FAÇA SEU PRÓPRIO LIVRO-CAIXA

VOCÊ VAI PRECISAR DE:

- Livro antigo
- Tesoura
- Estilete
- Caixa de papelão (um pouco menor que o livro e parecida com uma caixa de cereal)
- Pistola e bastão de cola quente

MODO DE FAZER:

Encontre um **LIVRO ANTIGO** que ninguém mais lê. Com a ajuda de um adulto, retire o miolo do livro usando o estilete e a tesoura.

Coloque a **CAIXA DE PAPELÃO** dentro do livro. A caixa deve substituir as páginas que você retirou. Corte um quadrado no centro ou toda a parte da frente da caixa.

COLE a caixa de papelão no livro (com o lado cortado virado para você) e espere a cola secar.

Agora, cada vez que você abrir o livro, terá um **COFRE** no qual poderá esconder todos os seus segredos.

LEMBRE-SE de manter o livro seguro na prateleira junto aos outros livros, e ele não levantará **SUSPEITAS**!

COMPLETE O PADRÃO

Treine seu cérebro completando as SEQUÊNCIAS NUMÉRICAS.

SEQUÊNCIA 1

3 – 4 – 6 – 9 ↪ ▢

SEQUÊNCIA 2

2 – 3 – 5 – 9 ↪ ▢

SEQUÊNCIA 3

74 – 65 – 56 – 47 ↪ ▢

Resposta:
Seq. 1: 13. Os números aumentam progressivamente em +1, +2, +3 e +4.
Seq. 2: 17. Multiplica-se os números por 2 e depois subtrai-se 1.
Seq. 3: 38. Subtrai-se 10 e depois adiciona-se 1.

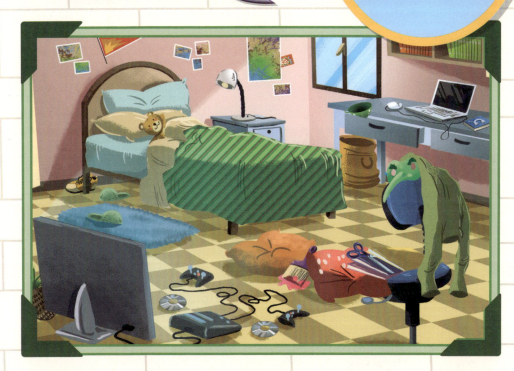

Resposta na página 75.

ROUBOS FAMOSOS

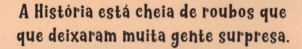

A História está cheia de roubos que que deixaram muita gente surpresa.

AQUI ESTÃO ALGUNS!

A MONA LISA

Você já deve estar familiarizado com a famosa pintura de **Leonardo da Vinci**, mas sabia que ela foi roubada em 1911? Vincenzo Peruggia, um italiano que trabalhava como faz-tudo em Paris, escondeu-se no Louvre (o famoso museu onde a pintura estava, e ainda está, guardada). Na manhã seguinte, quando não havia ninguém no museu, ele roubou a pintura! Vincenzo removeu o vidro de proteção e a moldura, levando apenas a tela. Escondeu a obra em sua casa e ninguém suspeitou dele por dois anos. Mas, quando tentou vender a pintura em Florença, finalmente foi preso, e a Mona Lisa foi devolvida a Paris.

A COPA DO MUNDO

Uma **taça de ouro** é entregue à seleção de futebol que vence a Copa do Mundo. Em 1966, a taça foi roubada na Inglaterra durante uma exposição. O ladrão, Edward Betchley, exigiu um resgate, e assim ele foi capturado. Mas a polícia descobriu que ele não estava com a taça! Na verdade, ela foi encontrada depois de sete dias... por um cachorro e seu dono nos arredores de Londres, embrulhada em um jornal!

A PINTURA DE KLIMT

O roubo do **Retrato de uma dama**, uma pintura muito valiosa do famoso artista Gustav Klimt, foi relatado em 1997, mas a obra de arte foi encontrada apenas em 2019! Sim. Enquanto um jardineiro estava podando algumas plantas na Galeria de Arte Moderna em Piacenza, na Itália, ele descobriu uma porta secreta na parede. A pintura estava lá dentro, embrulhada em um saco plástico. Ninguém sabe quem a roubou, mas certamente deve ser alguém muito esquecido!

UM POUCO DE AREIA

Coral Springs é uma bela praia de 400 metros de areia, localizada na Jamaica.

Em 2008, as pessoas perceberam que alguma coisa muito estranha tinha acontecido com a praia. Acredita-se que foram retirados pelo menos 500 caminhões carregados de areia! A polícia investigou por um longo período, mas o culpado nunca foi pego.

ENCONTRE O CAMINHO

AJUDE O DETETIVE A RESGATAR A PINTURA ROUBADA!

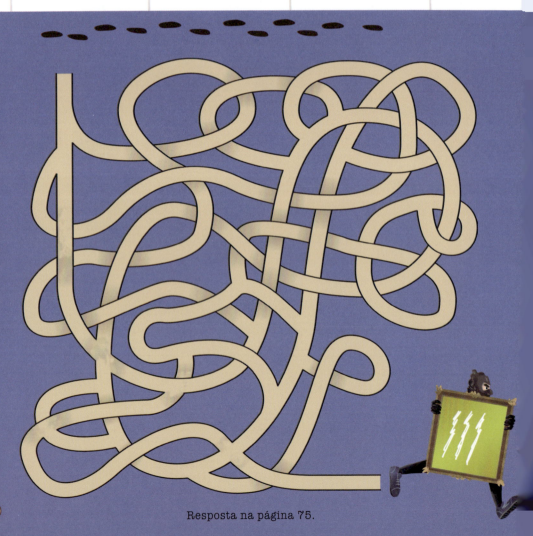

Resposta na página 75.

ACESSÓRIOS DE ESPIONAGEM

Os espiões usam muitos dispositivos e aparelhos inusitados para escapar dos mais espertos detetives! Então, é melhor conhecê-los, não acha?

ESCUTAS

São dispositivos usados para ouvir conversas secretas. São úteis porque são **MUITO PEQUENOS** e podem ser escondidos em quase todos os lugares!

BATOM

Era geralmente usado por espiãs, mas não era realmente um cosmético: dentro dele, havia uma pequena **PISTOLA** que podia disparar um único, mas letal, tiro a curta distância.

GUARDA-CHUVA

Equipado com um mecanismo oculto, este guarda-chuva permitia que espiões disparassem pequenas **BALAS** contendo veneno para neutralizar seus adversários.

PÓ COMPACTO

É um cosmético que inclui um **PEQUENO ESPELHO**, no qual espiões costumavam esconder mensagens. Para descobrir o que havia escrito, no entanto, era necessário inclinar o pó compacto no ângulo certo!

DISFARCES DIVERSOS

Você é um detetive disfarçado? Se a resposta for "sim", então você precisa conhecer alguns disfarces fáceis de usar!

O ATLETA
Você pode fingir que está correndo ou se exercitando enquanto observa o suspeito de perto. **Do que você precisa?** Um agasalho, óculos escuros, uma faixa na cabeça, tênis de corrida, fones de ouvido para fingir que está ouvindo música e um boné. Ninguém vai prestar atenção em você!

O PESCADOR
Fingir que está pescando é uma ótima maneira de observar as pessoas sem chamar a atenção. **Do que você precisa?** Macacão, capa de chuva, botas de borracha, um chapéu de pescador, um colete de pesca com vários bolsos e, é claro, uma vara de pesca com isca!

O VELHINHO

Se você quiser mudar completamente sua aparência, pode se vestir como um simpático velhinho!

Do que você precisa?

Peça emprestado um casaco, calças e óculos falsos. Depois, consiga uma bengala e uma peruca grisalha. Mude o tom de voz e caminhe de maneira mais suave. Vai dar certo!

UMA DICA ÚTIL

Você pode mudar o seu **estilo** de se vestir. Se você costuma usar roupas mais justas, por exemplo, coloque uma blusa bem larga, etc.

CRIE UM BIGODE FALSO

Este tutorial mostrará como fazer um **BIGODE FALSO**. Será útil quando você se disfarçar.

VOCÊ VAI PRECISAR DE:

- Cartolina ou papel-cartão preto, marrom, cinza ou amarelo (de acordo com a cor do seu bigode)
- Tesoura
- Cola em bastão
- Barbante

CARTOLINA OU PAPEL-CARTÃO

TESOURA

COLA EM BASTÃO

BARBANTE

MODO DE FAZER:

1 Escolha o **FORMATO** do seu bigode, desenhe-o na cartolina ou no papel-cartão e recorte-o.

2 Desenhe um **RETÂNGULO** (1 cm por 0,6 cm) na cartolina ou no papel-cartão e recorte-o.

3 Cole o retângulo na parte de trás do bigode. Então, posicione o **BARBANTE** entre o retângulo e a parte de trás do bigode.

4 Ajuste o **COMPRIMENTO** do barbante de acordo com o tamanho de sua cabeça, corte o excesso de fio e dê um nó para fixá-lo.

5 Se você quiser que seu bigode fique mais natural, faça uma série de **PEQUENOS CORTES** ao longo da parte inferior dele.

★ SEU ADVERSÁRIO ★

Todo detetive tem um adversário amargo
que deseja capturar a todo custo.
CRIE O CARTAZ DE PROCURADO DO SEU ADVERSÁRIO!

★ ★ ★ ★ ★

PROCURADO

NOME

....

COR DOS OLHOS

....

CABELO

....

CARACTERÍSTICAS
PRINCIPAIS

....

....

....

VISTO PELA
ÚLTIMA VEZ

....

....

....

CRIME

....

....

....

RECOMPENSA
R$100.000

QUAL É A SOMBRA?

Ajude o detetive a encontrar sua sombra.

Resposta: A sombra correta é C.

QUANTOS OBJETOS HÁ NA IMAGEM?

Conte os itens e escreva em cada caixa a sua quantidade.

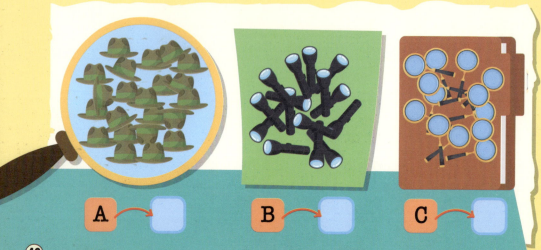

Resposta: A - 22; B - 15; C - 13.

MENSAGENS INVISÍVEIS

MANTENHA SEUS SEGREDOS BEM GUARDADOS!

VOCÊ VAI PRECISAR DE:

- Um limão
- Folha de papel branca
- Palito de dente
- Fósforos
- Uma vela

MODO DE FAZER:

Esprema o **LIMÃO** em uma tigela.

Mergulhe o **PALITO DE DENTE** no suco de limão. Em seguida, use o palito para escrever sua mensagem secreta na folha de papel branca.

Deixe a folha **SECAR**. Você vai notar que a mensagem vai desaparecer.

Com a ajuda de um adulto, coloque a folha de papel ao lado da **VELA** acesa. As palavras vão reaparecer e a mensagem será revelada!

UM PAR DE ALGEMAS

Você conseguiu! Finalmente capturou o criminoso mais procurado do mundo. Mas você tem as algemas para prendê-lo?

VOCÊ VAI PRECISAR DE:

- Rolo de papel-toalha
- Rolo de papel de presente (deve ser fino)
- Papel-alumínio
- Tesoura
- Grampeador e grampos

MODO DE FAZER:

1. Para fazer as algemas, corte quatro pedaços do rolo de papel-toalha. Com a ajuda de um adulto, junte os pares com o **GRAMPEADOR**.

2. Se as tiras forem muito pequenas, corte outra tira do rolo de papel-toalha para aumentar as algemas.

Embrulhe as algemas no **PAPEL-ALUMÍNIO**. Certifique-se de cobrir tudo e fixar bem o papel-alumínio.

Agora você vai fazer os elos da corrente que vão unir as algemas. Corte mais ou menos 6 **TIRAS** do tubo de papel de presente.

Embrulhe-as em papel-alumínio. Passe uma tira por dentro da outra. Cada elo deve estar preso por no máximo duas tiras. Prenda as tiras com o **GRAMPEADOR**.
Suas algemas estão prontas para serem usadas!

PASSATEMPO SECRETO

Observe as imagens. Qual é o passatempo secreto de cada pessoa?

Resposta:
1. Escrever.
2. Andar de skate.
3. Cozinhar.

44

LIGUE OS PARES

Encontre os pares, ligando as imagens da esquerda às imagens da direita.

1   A

2   B

3   C

4   D

5   E

Resposta: 1-C; 2-E; 3-B; 4-A; 5-D.

INVESTIGAÇÃO POLICIAL

Planeje uma incrível festa temática e convide seus amigos para participarem de uma investigação policial.

PEÇA A UM ADULTO PARA PREPARAR O JOGO, DE ACORDO COM AS INSTRUÇÕES A SEGUIR:

1 Decida que tipo de **crime** foi cometido (por exemplo, um roubo em uma joalheria).

2 Faça uma lista de **suspeitos**. Por exemplo, podem ser 8 suspeitos (incluindo o culpado). Em seguida, atribua a cada suspeito uma idade, uma profissão, uma descrição física e um **motivo** (o que levou o culpado a cometer o crime).

3 Agora crie 7 **enigmas** que levarão os jogadores a descartar os 7 suspeitos (se houver 9 suspeitos, os enigmas devem ser 8 e assim por diante).

4 O **culpado** será revelado quando todos os enigmas forem resolvidos.

O JOGO

1. Um adulto terá que colocar todos os enigmas escondidos em **LUGARES DIFERENTES** (entre as páginas de um livro, em uma gaveta, etc.).

2. A **DESCRIÇÃO** do crime será lida em voz alta e cada jogador receberá uma **LISTA DE SUSPEITOS**. O adulto ajudará a encontrar o primeiro esconderijo. É preciso resolver o primeiro enigma para descobrir onde está escondido o próximo e assim por diante. Resolver os enigmas também vai ajudar os jogadores a descartar suspeitos.

3. Após **RESOLVER** todos os enigmas, você saberá quem é o culpado. Um adulto lerá o fim da investigação policial e jogadores se tornarão oficialmente **DETETIVES INCRÍVEIS!**

TREINE SUA MEMÓRIA

Um bom detetive deve se lembrar de cada rosto, palavra e posição de objetos com perfeição... Confira algumas dicas para treinar sua memória.

ESTA É UMA TÉCNICA MUITO POPULAR UTILIZADA POR SHERLOCK HOLMES PARA RESOLVER SEUS CASOS!

O PALÁCIO DA MEMÓRIA

• Escolha um lugar com o qual você está familiarizado, como sua casa.

• Visualize um cômodo dentro do lugar que você escolheu (seu quarto, por exemplo).

• Escolha 5 objetos dentro do cômodo (eles devem formar um caminho) e atribua a cada um a coisa que você deseja lembrar (uma palavra, um número, etc.). Por exemplo, você pode atribuir o número 1 à sua mesa de cabeceira. O importante é associar um item que você conhece bem com o que você precisa lembrar.

• À medida que você pratica, será capaz de adicionar mais cômodos (e itens) dentro do seu palácio da memória.

VISUALIZAÇÃO E ASSOCIAÇÃO

Se você precisa se lembrar de muitas palavras, crie uma conexão entre elas! Com as palavras "garrafa", "buraco", "mar", "cadeira" e "sapatos", imagine que você está bebendo uma garrafa de suco com um buraco, por onde o suco vaza, lavando você como ondas do mar. O suco também molha a cadeira em que está sentado e os sapatos que você está calçando.

MÃES MISTERIOSAS

Observe a imagem. Encontre as pistas que vão ajudar você a ligar as mães às suas crianças.

Resposta: 1-B; 2-E; 3-A; 4-C.

TREINAMENTO E ALIMENTAÇÃO

Para ser um excelente investigador, não basta apenas treinar a mente, é preciso cuidar do corpo também.

Pratique algum esporte ou faça exercícios físicos como natação, futebol, basquete, dança, etc., por pelo menos 30 minutos ao dia e três vezes na semana.

Para melhorar sua **respiração** e **fôlego** (algo necessário para perseguir criminosos), você pode fazer exercícios aeróbicos como pular corda, correr ou andar de bicicleta.

Se você mora em apartamento, pare de pegar o elevador e suba e desça as escadas quantas vezes puder!

VOCÊ SABIA QUE EXISTEM MUITOS ALIMENTOS QUE PODEM AJUDÁ-LO A SE TORNAR UM DETETIVE MELHOR?

SAIBA MAIS!

PARA MELHORAR A MEMÓRIA E A CONCENTRAÇÃO:
azeite de oliva, nozes, frutas vermelhas, salmão, abacate, chocolate amargo, tomates e... brócolis!

PARA TONIFICAR OS MÚSCULOS:
pera, melão, mirtilo, lentilha, batata-bolinha, vagem, espinafre e rúcula.

PARA AUMENTAR A SUA ENERGIA:
laranja, banana, morango, mel, couve-flor, batata, pimentões e cereais integrais.

O QUE EVITAR:
bebidas gaseificadas e doces embalados.

LEMBRE-SE:
beba bastante água todos os dias!

VOCÊ É UMA PESSOA OBSERVADORA?

Olhe para a imagem por dez segundos. Cubra a página e responda às perguntas sem olhar para ela.

① Há 5 folhas de papel no quadro de avisos.
V F

② A lixeira está à direita.
V F

③ O relógio na parede marca 9 horas.
V F

④ Há um chapéu verde no cabideiro.
V F

⑤ Há um pedaço de papel ao lado da lixeira.
V F

⑥ Duas gavetas do arquivo estão abertas.
V F

⑦ Há uma caneca em cima da mesa.
V F

⑧ A mesa tem 3 gavetas.
V F

⑨ Há 5 setas no quadro de avisos.
V F

⑩ Há 5 folhas de papel em cima da mesa.
V F

Resposta: 1-F; 2-V; 3-V; 4-F; 5-V; 6-F; 7-V; 8-F; 9-V; 10-V.

53

JOGO DOS DOIS SENTIDOS

O tato e o olfato são dois sentidos que você precisa aguçar para se tornar um superdetetive.
TESTE OS SEUS SENTIDOS!

1- Peça a um adulto ou a um amigo para **VENDAR** você (você não pode ver nada e não pode espiar!)

2- Peça a eles que escolham 5 **FRUTAS** e coloquem em uma mesa.

3- Você irá **TOCAR** e **CHEIRAR** as frutas (mas não pode prová-las).

Você consegue adivinhar quais são as frutas?

VOCÊ TEM UMA BOA CONCENTRAÇÃO?

Ter boa memória não é suficiente para ser um grande detetive. Você também precisa de silêncio e concentração para analisar pistas e resolver todo tipo de mistério.

MAS COMO VOCÊ PODE MELHORAR SUA CONCENTRAÇÃO?

A TÉCNICA POMODORO

1 Consiga um **TEMPORIZADOR DE COZINHA**. A primeira pessoa a usar essa técnica usou um em forma de tomate, e é por isso que a técnica se chama "pomodoro" ("pomodoro" significa "tomate" em italiano). Mas você pode escolher um em forma de pinguim, ovo, ou usar um temporizador que já tenha.

2 **ESCOLHA UMA TAREFA**, como fazer lição de casa ou ler um livro. Configure um temporizador em 10 minutos e depois trabalhe na sua tarefa até o tempo acabar.

3 A cada novo ciclo, você pode aumentar o tempo do temporizador para **PERÍODOS MAIORES** até chegar a 60 minutos de pura concentração!

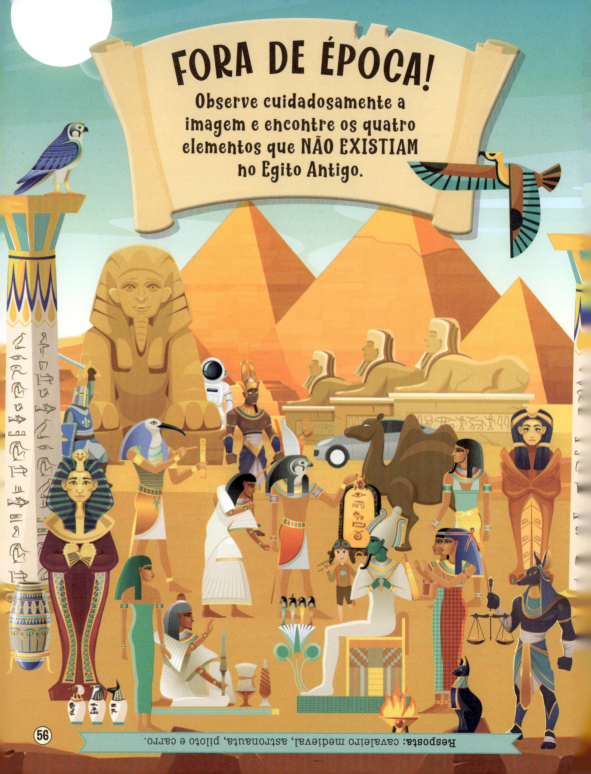

COMPLETE A CENA

Estão faltando três partes da imagem. Observe as peças 1 a 8 e circule aquelas que correspondem às lacunas A, B e C.

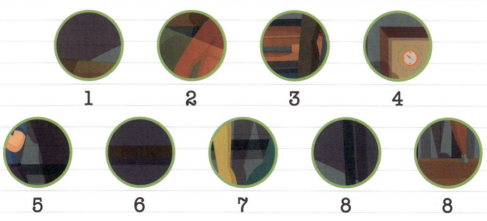

Resposta: A-2; B-4; C-5.

EMBAIXO DE SEUS PÉS

As pegadas no chão podem nos dizer muito sobre quem as deixou.

O primeiro passo é reconhecer as solas de calçados:

TÊNIS DE CORRIDA

SAPATO SOCIAL

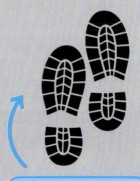
BOTAS

CHINELOS

SAPATOS DE SALTO ALTO

CURIOSIDADES

Pelas **PEGADAS** e quanto elas estão afundadas no chão, você pode descobrir se as pessoas **MANCAM** ou como mudam o **PESO DO CORPO** quando caminham.

Você precisa saber a numeração de cada TAMANHO de sapato em CENTÍMETROS. Portanto, lembre-se sempre de trazer uma FITA MÉTRICA com você!

Segundo as estatísticas, a maioria dos criminosos usa tênis. Talvez porque isso os ajude a escapar mais rápido! **TÊNIS**, porém, são os calçados mais fáceis de identificar. Cada sola tem padrões únicos, que os detetives inserem em um **BANCO DE DADOS** no qual milhares e milhares de tipos de solas já estão armazenadas!

CUIDADO!

Os criminosos mais espertos podem tentar enganar você com pegadas falsas. Então, nunca se esqueça de analisar todas as pistas e de manter-se atento!

COMO FAZER UM MOLDE DE GESSO

Você costuma ver pegadas de animais enquanto passeia no parque com sua família ou durante caminhadas nas montanhas? QUE TAL FAZER UM MOLDE DE GESSO COM ESSA PEGADA?

VOCÊ VAI PRECISAR DE:

- Papel-cartão
- Gesso
- Óleo
- Canivete
- Água

MODO DE FAZER:

1 Sopre suavemente a pegada para retirar galhos e poeira que possam atrapalhar seu molde. Isole a pegada com um retângulo feito de **PAPEL-CARTÃO**, formando uma espécie de bandeja.

2 Misture o gesso e a água em uma tigela e amasse. Quando o **GESSO** estiver liso (mas não duro), despeje-o na bandeja feita de papel-cartão.

3 Espere o gesso ficar seco e duro. Isso deve demorar, aproximadamente, de 40 a 60 minutos. Para economizar tempo, você pode adicionar **SAL** na massa, mas o molde de gesso ficará mais frágil.

4 Quando estiver pronto, remova o **MOLDE DE GESSO** sem desenformar (a terra ou barro onde está a pegada deve vir junto com o gesso). O molde precisará secar por, aproximadamente, mais 12 horas.

6 Para uma impressão mais precisa, limpe o molde negativo e cubra-o com bastante **ÓLEO**. Em seguida, isole-o com papel-cartão em forma de bandeja e despeje um pouco de gesso.

5 Lave o molde de gesso sob água corrente e você obterá o chamado molde **NEGATIVO**.

7 Quando estiver seco, retire o molde negativo e, com a ajuda de um adulto, limpe-o delicadamente com um canivete. Esse novo molde será o molde **POSITIVO**.

8 Se desejar, você pode escrever a **DATA** e o animal a que pertence a pegada no molde.

61

DE QUEM SÃO ESTAS MARCAS?

Combine os animais com as pegadas corretas.

1
2
3
4
5
6
7

Resposta: 1-G; 2-A; 3-D; 4-F; 5-B; 6-E; 7-C.

O CARDÁPIO

Você seria uma testemunha confiável? Teste suas habilidades com este jogo ou divirta-se descobrindo qual dos seus amigos consegue se lembrar de mais coisas!

Olhe atentamente este cardápio de restaurante por 3 minutos, depois vire a página e tente recriá-lo. Você ganha 1 ponto para cada item que acertar.

CARDÁPIO

ENTRADAS
- Minipizzas com tomate, queijo e azeitonas verdes
- Omelete com espinafre, cebola e ricota

PRIMEIROS PRATOS
- Espaguete com mariscos, mexilhões e lulas
- Massa com cogumelos, presunto e creme de leite

PRATOS PRINCIPAIS
- Frango assado com batata e azeitonas pretas
- Linguado com berinjela e abobrinha

Recrie o menu original olhando para a lista abaixo. Depois releia a página 63 para ver se acertou.

INGREDIENTES

Espinafre, batata, queijo, creme de leite, azeitonas verdes, berinjela, cogumelos, cebola, tomate, presunto, abobrinha, mexilhões, lulas, azeitonas pretas, ricota, mariscos.

CARDÁPIO

ENTRADAS
Minipizzas com ...., ... e ....
Omelete com ...., ... e ....

PRIMEIROS PRATOS
Espaguete com ...., ... e ....
Massa com ...., ... e ....

PRATOS PRINCIPAIS
Frango assado com .... e ....
Linguado com .... e ....

DE QUANTOS INGREDIENTES VOCÊ CONSEGUIU SE LEMBRAR?

Quantos pontos você marcou? Se você acertou pelo menos 10 ingredientes, **VOCÊ É MUITO OBSERVADOR!**

DETECTOR DE MENTIRAS

O QUE É ISSO?
É um **DISPOSITIVO DE MEDIÇÃO** equipado com agulhas que rabiscam um papel.

COMO FUNCIONA?
O detector de mentiras é conectado à pessoa por meio de pequenos fios. Por meio deles, a máquina analisa dados, ou seja, as **ATIVIDADES FISIOLÓGICAS** que são, então, rabiscadas no papel pelas agulhas.

O QUE SÃO ATIVIDADES FISIOLÓGICAS?
Respiração, transpiração e batimento cardíaco. Quando um suspeito faz um teste do detector de mentiras, os detetives fazem uma série de **PERGUNTAS** e suas reações físicas são registradas. Desse modo, se houver pelo menos duas **ALTERAÇÕES**, como: aumento da frequência cardíaca e transpiração, por exemplo, significa que o suspeito está mentindo.

MAS ESSE NEM SEMPRE É O CASO: uma pessoa poderia simplesmente estar muito **NERVOSA** ou você poderia receber dados **FALSOS** (por exemplo, as pessoas podem aprender a controlar sua respiração).

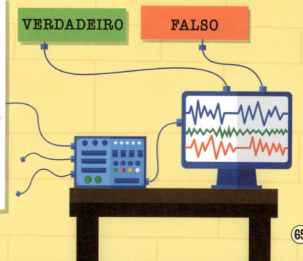

ENCONTRE AS DIFERENÇAS

Observe as duas imagens e encontre as 10 diferenças que existem entre elas.

Resposta na página 75.

ROTAS E MAPAS

Um bom detetive deve ter um ótimo senso de direção, especialmente quando está perseguindo um criminoso pelas ruas!

Pense em uma **ROTA** que você conheça bem (o caminho de casa para a escola, por exemplo) e desenhe um **MAPA** no espaço abaixo. Além das ruas, inclua outros pontos de referência, como banca de jornal, mercado, correio, cinema, padaria, biblioteca, etc.

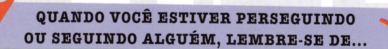

QUANDO VOCÊ ESTIVER PERSEGUINDO OU SEGUINDO ALGUÉM, LEMBRE-SE DE...

MANTER O EQUILÍBRIO.
Se você tropeçar e cair, o suspeito vai escapar!

FICAR MUITO, MUITO QUIETO.
Ele não pode ouvir nem você respirar!

LINGUAGEM CORPORAL

Sem perceber, as pessoas comunicam suas emoções por meio de GESTOS e EXPRESSÕES. Você deve estar atento para perceber esses sinais durante os interrogatórios!

O QUE É UM INTERROGATÓRIO?

Os interrogatórios acontecem quando um detetive faz uma série de **PERGUNTAS** ao suspeito (como um teste oral na escola).

Se um suspeito toca no **NARIZ** ou mantém as mãos perto da **BOCA**, ele provavelmente está mentindo.

Você está olhando nos meus olhos? Entender se alguém está mentindo para você é mais difícil do que parece. As pessoas que contam mentiras nem sempre desviam o **OLHAR**. Às vezes, elas vão olhar diretamente nos seus olhos apenas para parecerem mais honestas.

Calorento ou assustado? Quando as pessoas suam muito no rosto, significa que estão preocupadas e agitadas. Essa reação também pode significar simplesmente que está muito calor no ambiente!

Não consegue ficar parado? Pessoas que mexem em objetos e sempre movem as **MÃOS** podem estar escondendo algo... ou podem apenas estar nervosas!

PODERES DE OBSERVAÇÃO

Teste seus poderes de observação com seus amigos. Observe a imagem por 2 minutos, depois cubra-a e tente responder às perguntas. Você ganha 1 ponto para cada RESPOSTA CORRETA!

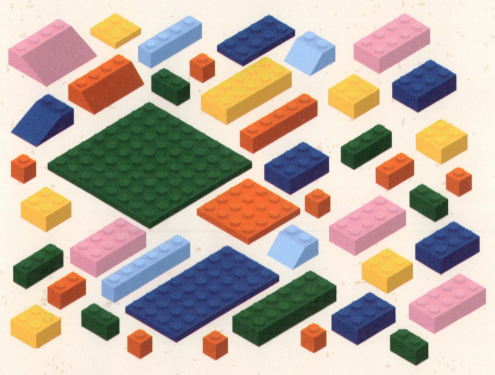

PERGUNTAS

1. Qual cor aparece mais vezes?
2. Há mais peças verdes ou amarelas?
3. O número de peças é maior que 30?
4. Quantas peças azuis há na imagem?
5. Há mais peças azul-claras ou cor-de-rosa?

Resposta: 1- Laranja; 2 - Verdes; 3 - Sim; 4- 11; 5- Cor-de-rosa.

UM NOVO CASO PARA O DETETIVE GAEL

QUEM ROUBOU AS JOIAS?

A senhora Maria voltou de uma festa. Ela entra em seu quarto, coloca seus preciosos brincos de diamante dentro do porta-joias e sai.

Quando ela entra no quarto, depois de algumas horas, percebe que os brincos sumiram e chama a polícia.

O detetive Gael pede para a senhora Maria mostrar as pessoas que estavam na casa no momento do roubo.

Há três suspeitos: Samuca, o cozinheiro; Helena, a empregada; e Thomas, o mordomo.

Gael verifica os álibis e todos parecem ter um, mas...

... o detetive notou um detalhe importante. Será que ele já descobriu quem é o ladrão?

Resposta na página 72.

A SOLUÇÃO DO CASO

Pouco tempo depois de a senhora Maria ter voltado para casa, uma **TEMPESTADE** forte começou. Como você pode ver nos dois primeiros quadros, o terraço do quarto dela estava aberto, então, alguém deve ter aproveitado sua ausência para entrar no quarto. Ao olhar para os três suspeitos, o detetive Gael notou que o mordomo era o único com **SAPATOS MOLHADOS**.

Se ele realmente estivesse dormindo como disse, os sapatos estariam secos. Ele deve ter molhado os sapatos ao subir no terraço para entrar no quarto da senhora Maria e roubar seus brincos.

PORTANTO, É MAIS PROVÁVEL QUE ELE SEJA O LADRÃO!

Se você acertou ou não, não se preocupe! Esse é apenas um dos primeiros enigmas de uma carreira brilhante como **DETETIVE**!

O LADRÃO ESTÁ ESCAPANDO! VÁ PEGÁ-LO!

Resposta na página 75.

GLOSSÁRIO

CIFRA: uma mensagem que contém um código secreto para interpretar corretamente a mensagem oculta.

PISTA: elemento que fornece informações.

CENA DO CRIME: local onde o crime ocorreu.

CRIMINOLOGIA: o estudo científico dos criminosos e dos crimes que eles cometem.

AGÊNCIA DE INVESTIGAÇÃO: uma agência que coleta informações ou conduz investigações para seus clientes.

INVESTIGAÇÃO: o ato de reunir e analisar fatos para chegar à verdade.

SUSPEITO: uma pessoa que pode ser culpada de uma violação, mas que ainda não foi comprovadamente culpada.

VIOLAÇÃO: o ato de violar a lei. Pode ser uma infração leve ou grave. Uma violação grave, na maioria das vezes, é chamada de **crime**.

CRIMINOSO PROCURADO: uma pessoa acusada de um delito, mas ainda não capturada pelas autoridades.

SOLUÇÕES

PÁGINA 12: ENCONTRE AS DIFERENÇAS

PÁGINA 66: ENCONTRE AS DIFERENÇAS

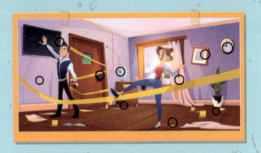

PÁGINA 31: ONDE ELES ESTÃO ESCONDIDOS?

PÁGINA 73: O LADRÃO

PÁGINA 34: ENCONTRE O CAMINHO

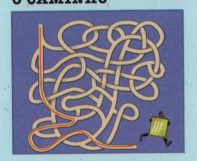

ÍNDICE

6   O detetive

7   Kit completo para detetives

8   Quiz: Você sabe como se tornar um grande detetive?

10   Detetives famosos

12   Encontre as diferenças

13   Crie seu próprio crachá

14   Como coletar impressões digitais?

16   Retrato falado

18   Faça um kit de retratos falados

20   Que tal algumas charadas?

23   Códigos secretos

24   Um escritório para um grande detetive

25   Esconderijos secretos

26   Alguém parece ter entrado no meu quarto...

28   Faça seu próprio livro-caixa

30   Complete o padrão

31   Onde eles estão escondidos?

32   Roubos famosos

34   Encontre o caminho

35   Acessórios de espionagem

36   Disfarces diversos

38   Crie um bigode falso

39   Seu adversário

40   Qual é a sombra?

40   Quantos objetos há na imagem?

ÍNDICE

41 Mensagens invisíveis

42 Um par de algemas

44 Passatempo secreto

45 Ligue os pares

46 Investigação policial

48 Treine sua memória

49 Mães misteriosas

50 Treinamento e alimentação

52 Você é uma pessoa observadora?

54 Jogo dos dois sentidos

55 Você tem uma boa concentração?

56 Fora de época!

57 Complete a cena

58 Embaixo de seus pés

60 Como fazer um molde de gesso

62 De quem são estas marcas?

63 Teste sua memória: o cardápio

65 Detector de mentiras

66 Encontre as diferenças

67 Rotas e mapas

68 Linguagem corporal

70 Poderes de observação

71 Um novo caso para o detetive Gael

73 O ladrão

74 Glossário

75 Respostas

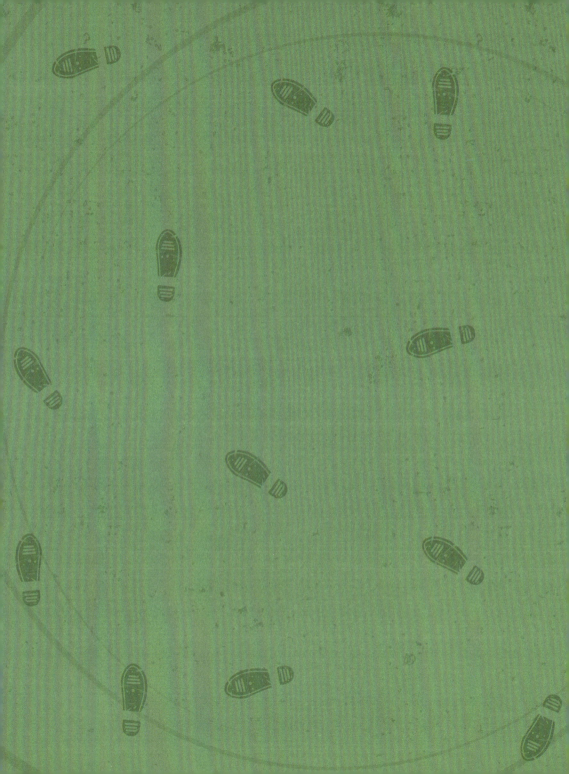